BEI GRIN MACHT SICH IHR WISSEN BEZAHLT

- Wir veröffentlichen Ihre Hausarbeit,
  Bachelor- und Masterarbeit

- Ihr eigenes eBook und Buch -
  weltweit in allen wichtigen Shops

- Verdienen Sie an jedem Verkauf

Jetzt bei www.GRIN.com hochladen und kostenlos publizieren

Bibliografische Information der Deutschen Nationalbibliothek:

Die Deutsche Bibliothek verzeichnet diese Publikation in der Deutschen National-
bibliografie; detaillierte bibliografische Daten sind im Internet über http://dnb.d-
nb.de/ abrufbar.

Dieses Werk sowie alle darin enthaltenen einzelnen Beiträge und Abbildungen
sind urheberrechtlich geschützt. Jede Verwertung, die nicht ausdrücklich vom
Urheberrechtsschutz zugelassen ist, bedarf der vorherigen Zustimmung des Verla-
ges. Das gilt insbesondere für Vervielfältigungen, Bearbeitungen, Übersetzungen,
Mikroverfilmungen, Auswertungen durch Datenbanken und für die Einspeicherung
und Verarbeitung in elektronische Systeme. Alle Rechte, auch die des auszugsweisen
Nachdrucks, der fotomechanischen Wiedergabe (einschließlich Mikrokopie) sowie
der Auswertung durch Datenbanken oder ähnliche Einrichtungen, vorbehalten.

Impressum:

Copyright © 2010 GRIN Verlag, Open Publishing GmbH
Druck und Bindung: Books on Demand GmbH, Norderstedt Germany
ISBN: 9783640598250

Dieses Buch bei GRIN:

http://www.grin.com/de/e-book/149081/ist-frieden-wirklich-eine-illusion

Johanna Sailer

Ist Frieden wirklich eine Illusion?

Eine Auseinandersetzung mit der Kulturtheorie Sigmund Freuds

GRIN Verlag

GRIN - Your knowledge has value

Der GRIN Verlag publiziert seit 1998 wissenschaftliche Arbeiten von Studenten, Hochschullehrern und anderen Akademikern als eBook und gedrucktes Buch. Die Verlagswebsite www.grin.com ist die ideale Plattform zur Veröffentlichung von Hausarbeiten, Abschlussarbeiten, wissenschaftlichen Aufsätzen, Dissertationen und Fachbüchern.

Besuchen Sie uns im Internet:

http://www.grin.com/

http://www.facebook.com/grincom

http://www.twitter.com/grin_com

Fakultät Philosophie

Lehrstuhl Praktische Philosophie
Wintersemester 2009/2010

Ist Frieden wirklich eine Illusion?

Eine Auseinandersetzung mit der Kulturtheorie

Sigmund Freuds.

Proseminar: „Sozialphilosophie"

Name:
Johanna Sailer

Studienfächer: Philosophie | Germanistik
Fachsemester: 3 | 6

Inhaltsangabe

1. Einleitung

Die Kulturtheorie des Psychoanalytikers Sigmund Freud entstand am Ende seiner Schaffenszeit und baut auf seiner Triebtheorie auf, die er im Laufe seines Lebens mehrmals überarbeitete. In seinen frühen Arbeiten geht er davon aus, dass es sich bei den zwei Trieben, die den Menschen dominieren, um Sexual- und Selbsterhaltungstriebe handele, welche miteinander in Widerspruch stehen.

In seiner Veröffentlichung „Jenseits des Lustprinzips" von 1920 revidiert Freud seine Trieblehre, fasst Sexualtrieb und Selbsterhaltungstrieb zum sogenannten Lebenstrieb (Eros) zusammen und stellte ihm den Todestrieb gegenüber. Der Lebenstrieb obliege nach Freud dem Lustprinzip, während der Todestrieb danach strebt, zum Anorganischen zurückzukehren.[1]

Der Lebenstrieb ist für Freud Ausgangspunkt des Kulturprozesses, „der über die Menschheit abläuft"[2] und ihr „die Erde dienstbar mach[t]"[3], weil die Selbsterhaltung des Menschen in größeren Kulturgemeinschaften gesichert werden könne. Unter dem Begriff „Kultur" versteht Freud all das, was der Mensch hervorgebracht hat, um sein Fortleben zu gewährleisten.

Doch der Sexualtrieb, der andere Teil des Eros, störe den Kulturprozess, weil er nur in Paaren Befriedigung finden kann, während die Kultur „auf Beziehungen unter einer größeren Menschenzahl ruht"[4]. Ebenso wie der Todestrieb, der nicht nur an der inneren Zerstörung eines Menschen arbeitet, sondern sich auch „gegen die Außenwelt wende[t] und dann als Aggressionstrieb zum Vorschein komm[t]"[5], arbeitet er gegen die Kulturentwicklung. Aus diesem Grund bezeichnet Freud den Kampf zwischen Eros und Todestrieb als Lebensinhalt der Menschheit, den man an der Kulturentwicklung ablesen kann.[6]

Es müsse zur Aufgabe der Kultur werden, die Sexual- und Aggressionstriebe einzudämmen. Die Sexualität der Menschen würde folglich auf das beschränkt, was der Kultur dienlich sein konnte: Die Vermehrung der Menschheit.

Die Triebe würden durch Vorschriften und Gesetze in jene Kanäle geleitet, die die menschliche Entwicklung nicht behindern. Die Kultur schaffe Ersatzbefriedigung in

---

1 Vergl. Freud, Sigmund: Das Unbehagen in der Kultur. Frankfurt am Main: Fischer 1974. (Freud Studienausgabe), Bd. 9, S.246. [Im Folgenden abgekürzt mit "Freud, Das Unbehagen..."]
2 Ebd., S.249.
3 Ebd., S.220f.
4 Ebd., S.237.
5 Ebd., S.246f.
6 Vergl. Ebd., S.249.

Wissenschaft und Kunst, doch diese schien dem Menschen nicht zu genügen, denn er fühlte sich nicht glücklich. Für die gewonnene Sicherheit in der Kultur wurde ein „ein Stück Glücksmöglichkeit"[7] verkauft. Sein Unbehagen äußere der Kulturmensch durch Feindseligkeiten gegenüber seiner Kultur, die wiederum durch Ideale und Illusionen versuche, die Aggression auf außenstehende Gruppen umzuleiten. Folglich würden triebhafte Aggressionsneigungen der Menschen in Kriegen befriedigt werden und friedliche Gemeinschaften können niemals dauerhaft bestehen.

Diese desillusionierende Konsequenz, die Freud zwangsläufig aus seiner Triebtheorie ziehen muss, wurde zur Angriffsfläche vieler Kritiker. Es musste diskutiert werden, ob ein angeborener Zwang zur Destruktion überhaupt vorstellbar ist. Andererseits war Freuds Kulturkritik für viele Theoretiker der Anlass, die gegenwärtigen Stand der Zivilisation kritisch zu hinterfragen und auf die Gefahren aufmerksam zu machen.

In meiner Arbeit möchte ich zuerst zeigen, wie Sigmund Freud sich den Kulturprozess vorgestellt hat, um anschließend eine Aussage darüber treffen zu können, warum Kriege für ihn ein Bestandteil der Kultur sein müssen und ein Weltfrieden letztlich nur eine Illusion sein kann. Am Ende möchte ich unter Einbezug aktueller Literatur diskutieren, inwieweit die Freud'sche Kulturtheorie heute noch von Bedeutung ist.

2. Sublimierung von Aggressionstrieben

2.1 Kulturideale und Identifizierung

Offensichtlich besteht nach Freud nur eine Möglichkeit, Kriege zu verhindern, wenn es gelingt, die Aggressionsneigung der menschlichen Art „soweit abzulenken, daß sie nicht ihren Ausdruck im Kriege finden muß."[8] Doch wie kann der Kultur das gelingen? Die erste Möglichkeit bestände nach Freud darin, die Menschen durch Kulturideale libidinös aneinander zu binden.

Als Kulturideal definiert Freud „Wertungen, welche die höchststehenden und am meisten anzustrebenden Leistungen [sind]"[9]. Mit Idealen wird eine „fortschreitende Verschiebung der

---

7Ebd., S.243.
8Freud, Sigmund: Warum Krieg? Frankfurt am Main: Fischer 1974. (Freud Studienausgabe), Bd. 9, S.283. [Im Folgenden abgekürzt mit "Freud, Warum Krieg?"]
9Freud Sigmund: Die Zukunft einer Illusion. Frankfurt am Main: Fischer 1974. (Freud Studienausgabe), Bd. 9, S.146. [Im Folgenden abgekürzt mit "Freud, Die Zukunft..."]

Triebziele und Einschränkung der Triebregung"[10] erreicht.

Ein Beispiel sei das Gebot der Nächstenliebe, das von den Menschen verlangt, dass sie den Nächsten lieben, wie sich selbst.

Hinsichtlich seiner Triebveranlagungen ist es dem Menschen gar nicht möglich, diesem Ideal Folge zu leisten, weil „nichts anderes der ursprünglichen menschlichen Natur so sehr zuwiderstrebt"[11]. Ähnlich wie die religiösen Gebote, die dem Menschen verbieten, nicht zu töten, zu stehlen oder zu lügen, steuere das Gebot der Nächstenliebe der Triebnatur entgegen und veranlasst ihre Rückbildung.

Eine Ersatzbefriedigung liefere die Kultur neben Wissenschaft und Kunst, ihren Mitgliedern in erster Linie durch Identifikationen.

Durch gleiche Eigenschaften, die die Menschen untereinander erkennen, identifizieren sie sich miteinander. Die Religion schaffte das größte identifizierende Mittel, indem sie die Illusion[12] von einem Gott erfand: Sie sehen in Gott die „Personifizierung eines großartigen erhöhten Vaters"[13], der für sie sorgt und das Gefühl, einer „höheren Macht" zu dienen, erfüllte die Menschen mit Stolz.

Die „Triebopfer", die die Menschen auf sich nehmen müssen, um das Zusammenleben nicht zu gefährden und die Arbeit, die sie leisten, um ihre Gemeinschaft zu erhalten, wurde auf diese Weise erträglicher.

„Die Befriedigung, die das Ideal den Kulturteilnehmern schenkt, ist also narzißtischer Natur, sie ruht auf dem Stolz auf die bereits geglückte Leistung."[14]

2.1 Feindseligkeiten

„Es ist immer möglich, eine größere Menge von Menschen in Liebe aneinander zu binden, wenn nur andere für die Äußerung der Aggression übrigbleiben."[15]

Freud ging davon aus, dass der Mensch seinen Aggressionstrieb in Feindseligkeiten gegenüber Anderen äußern müsse, sonst „würde die ohnehin immer vor sich gehende Selbstzerstörung steigen müssen."[16] Deshalb sei festzustellen, dass die Menschen sich nicht

---

10 Freud, Warum Krieg?, S.286.
11 Freud, Das Unbehagen..., S.241.
12 Als Illusion definiert Freud in "Die Zukunft.." (S.164f.) "menschliche Wünsche, die nicht zwangsläufig falsch sein müssen".
13 Freud, Das Unbehagen..., S.206.
14 Freud, Die Zukunft..., S.147.
15 Freud, Das Unbehagen..., S.242f.
16 Ebd., S.247.

„die Befriedigung ihrer Habgier, ihrer Aggressionslust, ihrer sexuellen Gelüste [versagen]"[17] und nicht unterlassen, „den anderen durch Lüge, Betrug, Verleumdung zu schädigen, wenn sie dabei straflos bleiben können"[18].

Jenen Menschen, die ihre Triebnatur nicht zügeln, legt die Kultur Strafen auf. Diese sollen gewährleisten, dass niemand in der Gemeinschaft größere Triebopfer bringt als einer seiner Mitmenschen, dass also jeder Mensch das gleiche Recht hat.[19]

In seiner Kulturstudie muss Freud allerdings feststellen, dass es bisher nie gelungen ist, das Recht auf die gesamte Kultur auszuweiten, weil die Menschen von Natur aus ungleich ausgestattet sind: „Es ist ein Stück der angeborenen und nicht zu beseitigenden Ungleichheit der Menschen, daß sie in Führer und in Abhängige zerfallen."[20] Der Führer sei dabei immer bestrebt, seine Befriedigung durchzusetzen und seine Abhängigen zu unterdrücken, sodass diese das „Mehr an Entbehrung loswerden"[21] wollen und „eine intensive Feindseligkeit gegen die Kultur"[22] entwickeln.

Freud geht also davon aus, dass deshalb aus Kulturmenschen Kulturfeinde werden, weil die Ungleichheit in einer Gemeinschaft die „Unterdrückten" provoziert, die Verbote nicht mehr einzuhalten. Es wäre möglich, dass der Kulturfeind sich nicht mehr entsagt, zu töten oder zu vergewaltigen[23], weil er keine Gründe mehr sieht, seine Triebe einzuschränken. Die Kultur muss also dagegen steuern, sonst wäre die erarbeitete Sicherheit und Ordnung enorm gefährdet.

Dies tut sie laut Freud, indem sie mit Idealen und Identifikationen von ihren eigenen Schwächen ablenkt und den Hass auf Außenstehende umleitet.

„Auf solche Weise werden die Kulturideale Anlaß zur Entzweiung und Verfeindung zwischen verschiedenen Kulturkreisen, wie es unter Nationen am deutlichsten wird."[24]

Freud, Die Zukunft.., S.145f.
18 Ebd., S.147.
19 Vergl.Freud, Das Unbehagen..., S.225.
20 Freud, Warum Krieg?, S.284.
21 Freud, Die Zukunft..., S.146.
22 Ebd.
23 Das Wort "Vergewaltigung" wäre nach Freud wiederum nur ein Begriff, den die Kultur geschaffen hat, um die sexuelle Willkür – also das Ausleben des Sexualtriebs – zu verteufeln.
24 Ebd., S.147.

3. Krieg als Konsequenz der menschlichen Triebnatur

Zwar fanden sich mit der Kulturentwicklung auch immer größere Gemeinschaften zusammen, doch parallel wuchs die Feindseligkeit gegenüber anderen Gruppen. Der Einzelne ist „virtuell ein Feind der Kultur"[25], weil sie ihm die Auslebung seiner Triebe versagt. Doch die Triebopfer werden erträglich, weil das narzißtische Gefühl, einer großen Macht anzugehören, ihnen auf andere Weise Befriedigung beschaffen kann.

Der Soziologe Helmut Dahmer ist der Meinung, dass die Freud'schen These, dass der Aggressionstrieb des Einzelnen in der Kultur auf andere Gruppen umgeleitet wird, auch in der Gegenwart Bestätigung findet. Er stellte fest, dass es sowohl bei Einzelnen als auch in Kollektiven der Fall ist, dass innere Unsicherheiten durch Abgrenzungen kompensiert werden.[26]

Im Laufe der Individualgeschichte lerne das 'Ich', welche Reize es befriedigen und welche eine Gefahr darstellen und verdränge Bedrohliches ins Unterbewusstsein. Was ihm also an sich selbst fremd vorkommen muss – unterbewusste Ur-Triebe, die sich in Mordgelüsten und sexuellen Fantasien äußern und mit der Außenwelt nicht vereinbar sind – wird auch in der sozialen Welt weggestoßen: Vergewaltiger und Mörder beispielsweise. Je mehr das 'Ich' beginnt zu ahnen, dass es sich „selbst so fremd ist wie die Fremden [...]"[27], um so rigeroser wird der Kampf gegen sich selbst.

Dahmer geht davon aus, dass „[d]as Fremde einmal etwas Vertrautes [war], das dann [im Laufe der Kultur- oder Individualentwicklung] der Verpönung verfiel.[28]"

Als Freud bemerkte, dass sich ähnliche, benachbarte Nationen immer besonders aggressiv gegenüber stehen[29], hielt er das für einen Ausdrück des Aggressionstriebs.

Bezieht man nun aber Dahmers Ausführungen über das „Fremd-Gemachte"[30] mit ein, dann wäre es meiner Meinung auch möglich, dass die Nationen mit ihrem „Narzißmus der kleinen Differenzen"[31] unterbewusst ausdrücken, was sie an sich selbst hassen. Der Selbsthass, der zum Hass gegenüber Anderen wird – die innere Destruktion, die sich nach Außen wendet – hat demzufolge die Funktion, sich selbst nach Innen zu stärken aber eben auch gleichzeitig

---

25 Freud, Die Zukunft..., S.140.
26 Vergl. Dahmer, Helmut: Soziologie nach einem barbarischen Jahrhundert. Wien: WUW 2001, S.71.

27 Ebd., S.77.
28 Dahmer, S.71.
29 Vergl., Freud, Das Unbehagen..., S.243.
30 Dahmer, S.67.
31 Freud, Das Unbehagen..., S.243.

seine inneren Schwächen nach außen umzuleiten, also die Schwächen nicht an sich selbst, sondern am Außenstehenden zu haßen. Streiten sich Nord- und Süddeutschland beispielsweise, wer die schönsten Urlaubsziele zu bieten hat, dann nur deshalb, weil der eine befürchtet, er besäße eine Schwäche gegenüber dem anderen, die seinen Narzißmus enorm verletzen würde. Ebenso streiten sich Nachbarn, wer den schönsten Vorgarten besitzt, weil sie eine Schwäche gegenüber dem Anderen nicht vertragen können.

Wie Freud bemerkte, sind das jedoch nur die harmlosesten Ausdrücke des Aggressionstriebs. Viel gefährlicher wird es, wenn die Identizierung dazu führt, dass Kollektive ihren Haß in Kriegen entladen.

Der Psychoanalytiker Mentzos Stavros untersuchte an aktuellen Fallbeispielen, inwieweit Gefühlsbindungen innerhalb größerer Kollektive wie Nationen, den Frieden erheblich gefährden können.[32]

Die Gefahr der Identifikation sei beispielsweise, dass das 'Ich' sich auf eine größere Masse erweitert, seinen Selbstwert also über die Gruppe definiert.[33] Da die Mitglieder sich mit ihrer Nation identifizieren, möchten sie, dass sie möglichst mächtig ist.

Gemäß Freud würde dem 'Ich' eine Identifikation mit einer ganzen Nation, also ein bloßes Nationalbewusstsein, nicht genügen, vielmehr wäre der Mensch dazu getrieben, sein Nationalbewusstsein zu einem Nationalismus auszuweiten, weil er seinen Aggressionstrieb durch abwertende Gefühle gegenüber Andersartiger kanalisiert.

Ebenso wie Freud geht auch Mentzos davon aus, dass nicht nur äußere Umstände, sondern vor allem die psychische Beschaffenheit die Menschen zum Krieg treibt.

> Die Hauptmotivation der Kämpfenden besteht […] in ihrer soldatischen Pflichterfüllung, in ihrem Zusammengehörigkeitsgefühl, in den emotionalen Erfahrungen, die sie in der Grenzsituation des Krieges machen, in der narzißtischen Stabilisierung des Ichs im Kampf."[34]

Der Freudianer kommt deshalb zu dem Schluss, dass die Bedürfnisse – Freud würde sagen Triebe – der Einzelnen erst richtig gefährlich werden, wenn sie von Obrigkeiten ausgenutzt

---

32 Vergl. Mentzos, Stavros: Pseudostabilisierung des Ich durch Nationalismus und Krieg. In: Über Liebe und Krieg. Psychoanalytische Zeitdiagnosen. Hg. v. Christina Rohde-Dachser. Göttingen: Vandenhoeck&Rubrecht 1995, S.66-84, hier S.68.

33 Vergl. Mentzos, S.71.
34 Mentzos, S.78.

werden.[35] Am Beispiel des Rechtsradikalismus würde sich zeigen, dass eine Identifizierung auf globaler Ebene bei dem Einzelnen zur „emotionalen Überlastung"[36] führt. Sich mit der ganzen Welt identifizieren zu müssen, schlage also ins Gegenteil um: Das 'Ich' grenzt sich von Fremden in radikaler Weise ab.

Wie Mentzos richtig argumentiert, handelt es sich bei der Stabilisierung des 'Ich's durch Abgrenzung aber immer nur um eine „Pseudostabilisierung", weil es jederzeit möglich ist, dass durch einen Kampf die erlange Macht wieder verloren geht.

Freud war der Meinung, dass diesem Fremdenhass, der sich so leicht in Kriegen entladen kann, nur entgegen gewirkt werden kann, wenn der Mensch vernünftig wird: die berechtigte „Angst vor den Wirkungen eines Zukunftskrieges" müsse „dem Kriegführen in absehbarer Zeit ein Ende setzen"[37]. Einen Schritt in diese Richtung unternahm der Völkerbund, der kurz nach dem ersten Weltkrieg zur Friedenssicherung gegründet wurde. Wie Freud jedoch richtig vorausschaute, kam es nicht dazu, dass dem Bund von den einzelnen Staaten die Macht zugesprochen wurde, die er gebraucht hätte, um einen Frieden dauerhaft zu sichern.[38] Wenige Tage nach dem Ausbruch des zweiten Weltkriegs 1939 starb Sigmund Freud. Er erlebte nicht mehr, in welch erschreckender Weise sich seine Warnungen bestätigten.

Ich bin der Meinung, dass in Freuds Kulturtheorie eine Kritik enthalten ist, die auf die Möglichkeit hindeutet, dass die Menschheit sich irgendwann selbst zerstört, wenn nicht „eine Gemeinschaft von Menschen [zustande kommt], die ihr Triebleben der Diktatur der Vernunft unterworfen ha[t]."[39]

Wenn die Vernunft also nicht über die Triebnatur siegt, wäre es nicht möglich, dass aus allen Erdenbürgern irgendwann eine Einheit wird, weil dann niemand mehr übrig bliebe, den sie hassen könnten. Und dies wäre nach Freud ja unausweichlich, weil der Aggressionstrieb nicht abzuschaffen ist. Würde die Hoffnung auf einen Weltfrieden irgendwann umgesetzt werden, dann würde das im gleichen Moment das Ende der Menschheit bedeuten, weil die Verhinderung der Triebableitung nach Außen dazu führt, dass das Individuum sich von Innen selbst zerstört. Sogar dann, wenn im Zuge des technischen Fortschritts irgendwann außerirdisches Leben ausfindig gemacht werden würde, auf das die Aggression abgeleitet werden kann, wäre es nur eine Frage der Zeit, bis auch dieser Krieg seine Opfer fordert.

---

35 Ebd., S.79.
36 Ebd., S.83.
37 Freud, Warum Krieg?, S.286.
38 Ebd., S.279.
39 Ebd., S.284.

4. Kritik an Freuds Triebtheorie

Angesichts dieser desillusionierenden Aussichten, ist es verständlich, dass kritische Stimmen Freuds Kulturtheorie zu wiederlegen versuchen. Schließlich war der Psychoanalytiker dem Tod selbst schon nahe, als er seine Todestriebtheorie verfasste und die Bilder des ersten Weltkriegs saßen ihm tief in den Knochen.

Bereits 1947 warnte der Psychoanalytiker Ernst Jones „ausdrücklich vor der Versuchung […], die psychoanalytischen Funde ›soziologisch‹ zu reinterpretieren."[40]

Der amerikanische Psychohistoriker Rudolph Binion versuchte in einer Wiener Vorlesung, Argumente gegen Freuds Todestriebtheorie offen zu legen, denn er war der Meinung, „[s]ein düsteres Bild […] vom Krieg als Aggressionsventil [sei] der Realität weit entrückt"[41]. Beweise meint er unter anderem in der deutschen Geschichte zu finden. Wenn Freuds Theorie stimme, so Binion, dann müssten gewalätige Menschen nachweislich länger leben als „Nächstenliebende". Binion beobachte aber eher das Gegenteil: „während der relativ friedlichen Jahre von 1815 bis 1914 [stieg die Lebenserwartung der Europäer] blitzartig in die Höhe wie nie zuvor."[42] Ich halte es allerdings für fraglich, ob auf diese Weise Freuds Theorien wiederlegbar sind. Der Psychohistoriker meinte, wenn es stimmen würde, dass sich die Selbstzerstörung des Einzelnen erhöht, wenn Aggressiontriebe nicht sublimiert würden, wie Freud es in "Das Unbehagen in der Kultur" behauptete[43], müsse der aggressive Mensch länger Leben als dieser, den wir vielleicht als liebenswert und gut bezeichnen würden.

Doch ich halte es für flasch, Freuds Theorie so zu absolutieren. Man kann an keiner Todesstatistik das Aggressionspotential des Einzelnen ablesen, weil der Tod eines Menschen von zu vielen unterschiedlichen Faktoren abhängt. Und ob der liebenswerte, gute Mensch nicht auf irgendeine andere Weise seine Aggression abreagiert, kann niemand wissen.

Binion hat auch ein Problem damit, dass Freud die Grausamkeiten des Krieges anhand der seelischen Beschaffenheit der Einzelnen erklärte. Seiner Meinung nach habe beispielsweise das Heer „eine anders beschaffene überpersönliche Identität mit eigener psychischer Veranlagung"[44], also auch ein anderes aggressives Potential, als der Einzelne.

Ich denke, Freud wollte nie bezweifeln, dass von der Masse ein höheres Gewaltpotential ausgeht, als vom Einzelnen, denn – wie Binion schon richtig erwähnt – erkannte er die Gefahr

---

40 Dahmer, S.66.
41 Binion, Rudolph: Freud über Aggression und Krieg: Einerlei oder Zweierlei? Wien: Picus Verlag 1995 (Wiener Vorlesungen im Rathaus), Bd. 33, S.26.
42 Ebd., S.27.
43 Freud, Das Unbehagen..., S.247.
44 Binion, S.51.

der Gruppendynamik schon in seiner Massenpsychologie.

Zweifelhaft ist nur, ob der Mensch beim Ausleben seiner Aggression wirklich von sadistischen Gefühlen geleitet wird. Möglich ist nämlich, dass die äußeren Umstände, beispielsweise die kriegerische Situation, eine Aggression zu Tage führt und nicht die individuelle Aggression den Krieg bedingt.

Das die Situation in den Menschen Zwänge auslöst, zeigen auch aktuelle Experimente wie das Stanfort-Prison-Experiment von Philip Zimbardo[45]. In der Rolle eines machthabenden Gefängniswächters zeigten sich die Studenten schon nach kurzer Zeit gewaltbereit gegenüber anderen – als Häftlinge verkleidete – Studenten, ohne das eine Autorität sie dazu zwang. Die Studenten von Stanford konnten sich zuvor nicht vorstellen, andere Menschen zu schlagen und taten dies in der Gefängnissituation trotzdem.

Das Experiment zeigt, dass wir zu Gewalttaten imstande sind, die wir selbst nicht vermuten würden. Zimbaro ging dabei davon aus, dass „böse Orte" die Menschen in eine Rolle drängen, sie also nicht inneren, sondern äußeren Zwängen erlägen seien. Ob ein Ort oder eine Situation gut oder böse sind, wurde uns widerum innerhalb der Kultur eingebläut und das Gefängnis ist ein Produkt des Kulturprozesses. Ist Aggression in Kriegssituationen womöglich also kulturbedingt und nicht auf Veranlagungen zurückzuführen? Ich halte das für möglich, weil der Mensch ja auch erst in der Kultur lernt, was er für „gut" oder „böse" zu halten hat. Wenn er dann mit dem „Bösen" konfrontiert wird, äußern sich möglicherweise ganz andere psychische Mechanismen, als es in einer unkultivierten Welt der Fall wäre.

Die weltberühmten Milgram-Experimente stützten Freuds Theorie insofern, als das die Probanden sich imstande zeigten, einen anderen Menschen bis zu seinem Tod zu quälen, solange eine Autorität sie dazu zwingt. Doch offensichtlich verspürten die Probanden dabei keine Genugtuung, sondern es quälte sie, dem anderen Schmerzen zu bereiten.

Natürlich könnte die beteuerte Reue nur auf eine „erlernte" Moral zurückgeführt werden, sodass die Personen doch eine subtile und ursprüngliche Genugtuung verspürten. Aber möglich wäre auch, dass diese Lust zu Quälen den Menschen eben nicht angeboren ist, sondern dass sie ihm in der Kultur eingeprägt wurde.

Eine Entscheidung, woher das aggressive Potential wirklich stammt, scheint mir an dieser Stelle nicht möglich.

---

45 Maslach, Christina: The Stanford Prison Experiment: Still powerful after all these years. Toronto: 1996, http://news.stanford.edu/pr/97/970108prisonexp.html (18.03.2010).

5. Zusammenfassung

„Alles, was die Kulturentwicklung fördert, arbeitet auch gegen den Krieg."[46] Mit dieser beschwichtigenden Aussage beendete Sigmund Freud seinen Brief an Albert Einstein. Freud wollte demnach die Kulturentwicklung nicht verteufeln und den Untergang der Welt vorhersagen. Von seiner Theorie ging eine Warnung aus, die die Menschen auf die bedrohlichen Zustände aufmerksam machen sollte. Aus ihm sprach ein Parzifist, der Sorge hatte, dass ein großer Krieg ausbrechen könnte, der „infolge der Vervollkommnung der Zerstörungsmittel die Ausrottung einer oder vielleicht beider Gegner bedeuten [könnte]"[47]. Seine Bedenken fanden im zweiten Weltkrieg traurige Bestätigung.

Sigmund Freud hat am Ende seiner Schaffenszeit einen Zusammenhang zwischen Individual- und Kulturgeschichte aufgezeigt, der noch heute aktuell ist. In unserer heutigen Zeit spielt der Wunsch nach Weltfrieden so eine große Rolle, weil Kriege zu einer bedrohlichen Begleiterscheinung geworden sind. Die Popularität von Ego-Shootern ist möglicherweise ein Ausdruck des menschlichen Aggressionstriebs. Ebenso könnte die steigende Zahl psychischer Erkrankungen als Bestätigung gesehen werden, dass die Kultur zunehmend menschliche Triebe unterdrückt und dem Menschen damit emotionalen Schaden zufügt.

Allerdings entwickelte sich unsere Kultur in eine Richtung, die Freud in seiner Theorie nicht mit einbezog, da er sie gar nicht voraussehen konnte. Das liebe Geld hat heut zu Tage eine so große Bedeutung, dass es neben Identifikationen und Kulturidealen als drittes Kulturmittel gesehen werden kann, dass die Menschen zusammenführen und gleichzeitig Kriege bedingen kann.

Freuds Beobachtung, dass es zur Identifikation mit einem Kulturideal immer „des Vergleichs mit Anderen"[48] bedarf und das der Andere dabei gering geschätzt wird, kann heute angesichts der Auseinandersetzungen zwischen Israeli und Palistinensa in übersteigerter Form Bestätigung finden. Die Menschen sind für ihre religiösen Ideale bereit, sich und andere in den Tod zu stürzen. Doch möglicherweise weniger, weil es ihnen Genugtuung bereitet, sondern weil sie in ihrer Lebenslage keinen anderen Ausweg erkennen.

Es ist meiner Meinung nach nicht alles auf die Triebnatur des Menschen zurückzuführen, auch wenn ich nicht ausschließen kann, dass solche Triebe existieren. So wie Freud von der

---

46 Freud, Warum Krieg?, S.286.
47 Ebd., S.285.
48 Freud, Die Zukunft..., S.147.

Marx'schen Theorie behauptete, sie sei eindimensional[49], kann man selbiges von seiner Theorie behaupten.

Auch wenn seine Theorie am Ende nur eine einseitige Betrachtung eines wahrscheinlich nie ganz zu erfassenden Zusammenhangs ist, bleibt Freuds Schlussfolgerung gültig: Nur, wenn die Menschen vernünftig werden, können sie der Zerstörung ihrer Welt entgegenwirken. Friedensbündnisse und Klimakonferenzen sind ein Weg in die richtige Richtung, aber wenn ihnen nicht „die erforderliche Macht"[50] zugesprochen wird, bleiben sie wirkungslos.

---

49 Freud, Das Unbehagen..., S. 242.
50 Freud, Warum Krieg?, S.279.

6. Bibliographie

Binion, Rudolph: Freud über Aggression und Krieg: Einerlei oder Zweierlei? Wien: Picus Verlag 1995 [=Wiener Vorlesungen im Rathaus, Band 33].

Freud, Sigmund: Das Unbehagen in der Kultur. Frankfurt am Main: Fischer 1974. [=Freud Studienausgabe, Band 9].

Freud, Sigmund: Warum Krieg?. Frankfurt am Main: Fischer 1974. [=Freud Studienausgabe, Band 9].

Freud, Sigmund: Die Zukunft einer Illusion. Frankfurt am Main: Fischer 1974. [=Freud Studienausgabe, Band 9].

Maslach, Christina: The Stanford Prison Experiment: Still powerful after all these years. Toronto: 1996, http://news.stanford.edu/pr/97/970108prisonexp.html (18.03.2010).

Mentzos, Stavros: Pseudostabilisierung des Ich durch Nationalismus und Krieg. In: Christina Rohde-Dachser [Hg.]: Über Liebe und Krieg. Psychoanalytische Zeitdiagnosen. Göttingen: Vandenhoeck&Rubrecht 1995. S.66-84.

Dahmer, Helmut: Soziologie nach einem barbarischen Jahrhundert. Wien: WUW 2001.

BEI GRIN MACHT SICH IHR
WISSEN BEZAHLT

- Wir veröffentlichen Ihre Hausarbeit,
  Bachelor- und Masterarbeit

- Ihr eigenes eBook und Buch -
  weltweit in allen wichtigen Shops

- Verdienen Sie an jedem Verkauf

Jetzt bei www.GRIN.com hochladen
und kostenlos publizieren